Bach!

Pryfed yr ardd

Rhiannon Packer

Cyfres Darllen Difyr

Hwyl! Briciau … briciau … briciau
Gwahanol! Chwaraeon gwahanol
Hapus! Hwyl a gŵyl ar draws y byd
Bach! Pryfed yr ardd

Anturus! Ydych chi'n barod am antur?
Cyffrous! Chwaraeon pêl gwahanol
Heini! Rasio gwahanol
Gweithgar! Ceffylau … ceffylau … ceffylau

Cyflym! Beth sy'n symud yn gyflym?
Talentog! Beth ydy'ch talent chi?
Peryglus! Anifeiliaid peryglus
Gofalus! Anifeiliaid peryglus yn y dŵr

Golygwyd gan Non ap Emlyn
Dyluniwyd gan stiwdio@ceri-talybont.com
Mapiau gan Alison Davies, www.themappingcompany.co.uk
Cartwnau gan Roger Bowles
Rheoli ac ymchwil lluniau gan Megan Lewis a Dafydd Saunders Jones

Aelodau'r Pwyllgor Monitro: Eleri Goldsmith (AdAS); Michelle Hutchings, Ysgol Pontyclun; James Jones, Ysgol Gynradd Victoria, Wrecsam; Petra Llywelyn; Pamela Morgan, Ysgol Gynradd Baglan, Port Talbot; Anthony Parker, Ysgol Gynradd Rogiet, Sir Fynwy; Laura Price, Ysgol Gynradd Llysweri, Casnewydd a Sara Tate, Ysgol Tanyfron, Wrecsam

Noddwyd gan Lywodraeth Cymru

Cydnabyddiaethau
Hoffai'r awdur a'r cyhoeddwr ddiolch i'r canlynol am eu caniatâd i atgynhyrchu'r lluniau a'r deunydd hawlfraint yn y llyfr hwn. Mae pob ymdrech wedi'i wneud i ganfod perchenogion hawlfraint y deunydd a ddefnyddiwyd yn y llyfr hwn. Bydd unrhyw ganiatâd hawlfraint sydd heb ei gynnwys gan y cyhoeddwr yn yr argraffiad hwn yn cael ei gydnabod mewn ail argraffiad.
Alamy: tud. 15 (dau lun), Roger Bowles: tud. 6 (top dde), tud. 10-11, tud. 16-17, tud. 20-21.

Cynnwys

Pryfed yr ardd

Edrychwch ...

Malwoden / Malwen

Morgrugyn

Mwydyn / Pry genwair

Buwch goch gota

Corryn / Pry copyn

Pili pala / Glöyn byw / Iâr fach yr haf

Chwilio am bryfed yr ardd

Rhaid cael:

bocs pryfed

defnydd gwyn

rhwyd

chwyddwydr

Rhaid:

- gorwedd ar y llawr
- aros yn dawel – dim symud
- edrych drwy'r chwyddwydr.

Edrychwch!

Beth?
Malwoden?
Mwydyn?
Morgrugyn?

Chwilio am bryfed yr ardd – rhaid bod yn ofalus!

- Mae pryfed yn fach iawn.
- Mae rhai pryfed yn gallu pigo.
- Mae rhai pryfed yn gallu symud yn gyflym iawn.

Chwilen

Gwenynen

Morgrugyn

Gofalus! Gofalus!

Rhaid bod yn ofalus iawn!

Ydy hi'n boeth yn y bocs?

Peidiwch gadael y pryfyn yn y bocs am amser hir.

Rhaid rhoi'r pryfyn yn ôl yn yr ardd yn ofalus.

Rhai o bryfed yr ardd

Morgrugyn

ffeithiau

Morgrugyn

Maint:	3-5 mm
Lliw:	Brown tywyll
Byw:	Mewn nyth
Bwyta:	Pryfed bach, ffrwythau, llysiau a phethau melys

Mae'r morgrugyn yn brysur iawn.

Malwoden ... neu ... malwen

ffeithiau

Malwoden ... neu ... malwen

Maint:	25-35 mm
Lliw:	Brown golau a melyn
Byw:	Mewn cragen
Bwyta:	Dail a blodau

Mae malwoden yn gallu cael pedwar cant tri deg (430) babi mewn blwyddyn! Bobl bach!

Mwydyn ... neu ... pry genwair

ffeithiau

Mwydyn ... neu ... pry genwair

Maint:	9-30 cm
Lliw:	Coch, brown, du
Byw:	Yn y pridd
Bwyta:	Hen blanhigion, llysiau a ffrwythau

Abwydfa

Beth sy yn y bocs?
- Pridd
- Mwydod
- Hen blanhigion, hen lysiau a hen ffrwythau

Pam?
- Mae'r mwydod yn byw yn y pridd.
- Maen nhw'n bwyta'r hen fwyd yn y bocs.
- Maen nhw'n ailgylchu'r bwyd.

Dyma abwydfa i'r ddesg. Ydych chi'n gallu gweld y mwydod?

Chwilio am bryfed yn y coed

Rhaid mynd i'r ardd.

Rhaid chwilio am goeden fach.

Rhaid rhoi defnydd gwyn o dan y goeden.

Rhaid ysgwyd y goeden yn ofalus.

Rhai o bryfed y coed

Mae llawer o bryfed yn y coed ...

Corryn yr ardd

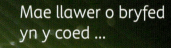

ffeithiau

Corryn ... neu ... pry cop

Maint:	4-8 mm
Lliw:	Melyn golau, brown a du
Byw:	Yn y tŷ, yn yr ardd
Bwyta:	Pryfed bach

Buwch goch gota

Buwch goch gota

Maint:	5.2-8 mm
Lliw:	Coch a du
Byw:	Ar ddail
Bwyta:	Pryfed bach, pryfed gleision, dail, neithdar, paill

Buwch goch gota yn hela pryfed

19

Chwilio am bryfed yn yr awyr

Rhaid cael rhwyd.

Rhaid dal y pryfyn.

Rhaid bod yn ofalus iawn gyda'r pryfyn.

Rhaid gadael i'r pryfyn fynd.

Rhai o bryfed yr awyr

Mae llawer o bryfed yn yr awyr …

Cleren

ffeithiau

Cleren

Maint:	8 mm
Lliw:	Llwyd a du
Byw:	Pob man
Bwyta:	Hen fwyd, ffrwythau, cig, gwaed - a mwy!

Edrychwch:

antenna

llygad

bol

coes

adain

22

Pili pala ... neu ...
glöyn byw ... neu ...
iâr fach yr haf

ffeithiau

Pili pala ... neu ...
glöyn byw ... neu ...
iâr fach yr haf

Maint:	8 mm - 30 cm
Lliw:	Pob lliw
Byw:	Yn yr ardd
Bwyta:	Neithdar

Mwy o ffeithiau:

- Mae pum deg chwe (56) math o bili pala ym Mhrydain.
- Mae llawer o'r pili palod yn dod i Brydain o Ewrop ac Affrica.
- Mae pili pala yn blasu gyda'i draed.
- Mae pili pala yn gallu gweld lliwiau coch, gwyrdd a melyn.

Mae pryfed yn grêt!

- Mae pryfed yn denu adar i'r ardd. Mae'r titw tomos las yn bwyta miloedd o bryfed bob dydd!

- Mae pryfed gleision yn niwsans yn yr ardd! Dim problem – mae'r fuwch goch gota yn bwyta'r pryfed gleision.

Ym Mhrydain, mae dros ddau ddeg un mil (21,000) o wahanol fathau o bryfed!
Yn y byd, mae dros naw can mil (900,000) o wahanol fathau o bryfed.
Faint sy yn eich gardd chi?

Bach!